基础篇
Elementary Level

汉语十日通
Chinese in 10 Days

程璐璐　主编

读写
Reading & Writing

商务印书馆
创于1897　The Commercial Press

顾　　问　翟　艳

主　　编　程璐璐

副 主 编　刘　硕

编　　者　黄雯雯　翟　甜　张　娅

英文翻译　高　娜

前　言

　　《汉语十日通·读写》是在"三位一体"教学模式下为零起点汉语学习者编写的一套读写技能教材。"三位一体"教学模式，即读写课与听说课基于综合课教学内容拓展技能训练，以便在夯实综合语言能力的基础上，更好地突出技能训练的特点。《汉语十日通·读写》在综合教材《汉语十日通》所教授的语言知识、话题及文化内容的基础上，有扩展，有提升，帮助学习者在充分的练习中提高读写技能。

　　编写本套教材的指导思想是：突出读和写的语言技能操练，主要集中于对汉字文本的阅读与理解、汉字的认读与书写、汉语遣词造句与写作等读写技能进行强化训练。综合课的语言要素学习为技能训练提供了主题、基本词汇和语法的基本用法。本书在技能操练方面进行强化，并适当扩展了话题的范围，补充了适当的词语，使语法意义在更广阔的环境中得到应用。教学的原则是：尊重认知和习得的规律，先输入再输出，先阅读后写作，大量输入，适度输出；汉字先认读后书写，先建立形音义联系，再进行书写练习。

　　全书共四册，分为入门篇、基础篇、提高篇、冲刺篇。每册10课，完成一课的全部教学内容需要2课时，全四册共需80课时。教师也可根据本单位教学计划和教学目标等教学实际情况灵活选用教材内容，并适当增减读写课时。

　　四册教材在编写体例上大体相同，又根据学生语言水平的变化，在细节上有所调整。基础篇主要包括以下模块：

　　读句子　　该模块包括连线和判断两种练习形式。连线要求学生认读句子后，匹配问句和答句。该练习强调有意义的认读，在理解句义的基础上，体会相似或相关问法的语义差异及答法差异。判断题要求学生认读两个句子，并判断能否根据第一个句子推导出第二个句子所表达的意思。这一练习形式更加强调对句义细节的理解、对意义之间逻辑关系的理解，让阅读理解更有深度。

读课文　　每课包含两篇叙述性课文。课文的编写充分调用学生应知应会的词汇、语法要素，为学习者提供多样的可懂性阅读输入材料。课文配有多种形式的练习，帮助学生理解文义。每一课都设置了推测词义的题型，学生可以根据字形、语素、语法关系、上下文等语言知识和阅读策略进行猜测。这些词语，以补充词表的形式，附于教材正文后。

读写汉字　　包括"学一学"和"练一练"两个部分。"学一学"包含学习本课生字、介绍汉字基础知识。生字的排序依据综合课生词表的顺序。"练一练"设计了多种练习形式，包括认字、形音义练习、书写汉字等。

写句子　　在熟练掌握汉字书写与字词意义的基础上，进行以句子为单位的写作练习。对标 HSK 四级考试的书写测试要求，要求学生用给定的词写一句话来描述图片。从第 16 课起，写作要求略有提升。用给定两个词语写两到三句话来描述图片，训练学生书面成段表达的能力。

第 20 课为复习课。本课除了汉字模块以外，安排了一次作文写作，通过回答问题的方式复习主要表达方式，通过绘制导图理清思路，帮助学生顺利完成命题作文写作。

这套教材汇集了汉语阅读教学与研究的成果和一线教师的教学实践经验，具有以下特点：

1. 读写与综合既互相支撑，又分工明确。

《汉语十日通·读写》依托《汉语十日通》的语言要素进行阅读技能训练，能够提高综合课语言要素掌握的熟巧程度，有利于将语言知识转换成语言能力；同时，《读写》并没有止步于支撑综合课，而是在此基础上，对各项读写微技能提出了更高的训练要求，以满足对读写要求高的学习者的学习需求。

2. 难度循序渐进，兼具可懂性和挑战性。

"读"从词组、句子过渡到篇章，"写"从字到句再到篇，内容安排由易到难，层层递进。课文是核心部分。课文的编写，依据学生当前掌握的语言知识，保证输入的可懂性；同时，提供语言丰富多样的表达，设计精巧的"阅读障碍"，让学生在挑战中，学习阅读策略，提升阅读技能。

3. 以阅读带动识字，帮助学生快速适应汉字文本。

我们借鉴了汉语母语儿童在阅读中习得汉字的经验，以及英语分级阅读的教育理念，将"汉字"模块安排在词组、句子、课文（篇章阅读）模块之后。学习者在阅读中充分理解意义并建立形音义联系之后，认读和书写汉字，效率更高，效果更好。

4. 对标新大纲，考教结合，以考促学。

补充词表的词条和生字表中的汉字，均根据《国际中文教育中文水平等级标准》标注了等级，方便教师和学习者了解。1 ~ 6 分别对应一至六级；7 表示高等，对应七到九级；* 表示超纲。部分练习采用了与 HSK3 ~ 4 级相同或相似的题型，便于有考级需求的学习者提前熟悉考试。

5. 读写教材与综合教材、习字本等灵活组合，满足不同需求。

《汉语十日通·读写》与《汉语十日通》《汉语十日通·听说》为"三位一体"系列教材，是互相支撑、互相促动的关系。此外，十日通系列教材还配有综合课练习册和习字本。教师或教学单位，可根据教学目标和教学需求，灵活组合。

本教材已经过三年的试用和打磨，是团队集体智慧的结晶。希望这样一套读写教材，能够让汉语汉字读写不再难学。

Preface

Chinese in 10 Days · Reading & Writing is a series of reading and writing Chinese textbooks developed for beginning learners of Chinese as second language under the "Three in One" teaching mode. The "Three in One" teaching mode refers to skill training with respect to reading and writing, as well as listening and speaking based on the contents of the comprehensive course. It highlights the training of skills on the basis of enhanced comprehensive language competence.

Specifically, not only was the *Chinese in 10 Days · Reading & Writing* derived from the language knowledge, topics and cultural contents introduced in the comprehensive textbooks of *Chinese in 10 Days*, it also includes expanded and extended contents and activities to help learners improve their reading and writing skills through sufficient practice.

The guiding philosophy of compiling this series of teaching materials is to highlight the language skill training in reading and writing, mainly focusing on the intensive training of reading and writing skills, such as comprehending Chinese texts, recognizing and writing Chinese characters, making sentences or writing paragraphs in Chinese. The learning of linguistic elements in the comprehensive course provides topics, basic vocabulary and the basic usage of grammar for skill training. The current series of textbooks are to enhance skill training, in terms of appropriately expanding the scope of topics, providing more words, and applying the grammatical meanings in a broader context.

The teaching approaches include: respecting the rules of cognition and acquisition, inputting before outputting, reading before writing, and moderate output based on sufficient input; as for the Chinese characters, recognizing goes before writing, and the relationship among their form, sound, and meaning is to be established, followed with writing practice.

The whole series consists of four volumes: the beginning level, the elementary level, the intermediate level and the advanced level. Each volume includes 10 lessons and each lesson takes 2 class-hours to complete, totaling at 80 class-hours for the entire 4 volumes. Teachers may also decide what to teach from the textbooks, and/or adjust the length of class hours based on specific needs.

The compilation of the four volumes basically follows the same principles, while detailed adjustments have also been made in accordance with students' language development. The elementary volume mainly includes the following sections:

Reading sentences   This section consists of two forms of practice: matching and true or false questions. For matching, after reading the sentences, students are required to match the question and answer sentences. This exercise emphasizes meaningful reading. Based on their understanding of the meaning of the sentences, this practice helps students tell the differences between similar or related questions and figure out how to answer the questions properly. True or false questions require students to read two sentences and determine whether the meaning of the second sentence can be inferred from the first one. This exercise emphasizes more the understanding of the details of each sentence and the logical relationship, deepening reading comprehension.

Reading texts   Each lesson contains two narrative texts. The compilation of the texts intends to utilize students' prior knowledge of vocabulary and grammar, and to provide them with various comprehensible reading materials. Various forms of exercises are designed to help students understand the meaning of the texts. Students are to be trained to guess word meanings relying on language knowledge and reading strategies, such as glyph, morpheme, grammatical relationship and context. These words are attached to the textbooks as supplementary vocabulary.

Reading and writing characters This section consists of two parts: "Let's learn" and "Let's practice". "Let's learn" includes learning new words and introducing the basic knowledge of Chinese characters. The characters are listed in the same order as that of the word lists in the comprehensive textbooks of *Chinese in 10 Days*. "Let's practice" offers a variety of exercises in many forms, including character recognition, form-sound-meaning practice, and Chinese characters writing.

Writing sentences This section helps students practice writing sentences after their mastery of Chinese characters writing and word meanings. Students are required to use a given word to make a sentence to describe a picture. This part corresponds roughly to writing test standards of HSK 4. Starting from Lesson 16, the writing requirements get slightly higher. Specifically, students are required to write two to three sentences using two given words to describe a picture, which trains students to express themselves by writing paragraphs.

Lesson 20 is a review lesson. In addition to the Chinese character section, this lesson is provided with an essay writing session. The exercises help students review the main expressions of this book by Q & A, and clarify ideas by drawing mind maps, which prepare students for their writing tasks.

This series of teaching materials integrates the findings of Chinese reading-and-writing teaching and research with practical teaching experience from front-line teachers. It has the following features:

1.The Reading & Writing Course and the Comprehensive Course are complementary to each other while focusing on different teaching objectives

Chinese in 10 Days · Reading & Writing is based on the linguistic elements of the comprehensive textbooks to carry out reading skills training, which can improve students' proficiency of linguistic elements acquired from the comprehensive course, and it is conducive to converting language knowledge into language competence. At the same time, *Reading & Writing* not only supports the comprehensive course, but also puts forward training requirements for various reading and writing micro-skills to meet learning needs of learners who aim higher in mastering Chinese reading and writing skills.

2.The level of difficulty goes up step by step with both comprehensibility and challenge

"Reading" starts from phrases and sentences to chapters, and "writing" begins from characters to sentences and then to chapters. The exercises are arranged from easy ones to difficult ones. Texts in each lesson form the core part. The texts were compiled according to language knowledge that students have acquired to ensure the comprehensibility of inputs. Meanwhile, rich and diverse language expressions and well-designed reading "obstacles/puzzles" are provided. Students can learn reading strategies and improve their reading skills through these challenging activities.

3.Learning Chinese characters through exposure to reading materials helps students familiarize themselves quickly with Chinese texts

Drawing on the experience how native Chinese-speaking children acquire Chinese characters in reading and the ideas of leveled English reading, the "Characters" section in the current book is placed after the phrase, sentence and text (passage reading) sections. More efficient and effective outcomes are expected if Chinese learners start to recognize and write Chinese characters after their full comprehension of the reading materials with the connection between form, sound and meaning of Chinese characters formed.

4.In line with the latest syllabus, examination and teaching are combined while learning is facilitated through preparations for the exams

For the convenience of teachers and learners, each entry in the Supplementary New Words and the new character list is marked with a grade number according to the *Chinese Proficiency Grading Standards for International Chinese Language Education*. The numbers 1~6 correspond to level 1 to level 6 respectively, and 7 indicates the advanced levels of level 7~9, and * indicates words not included in the syllabus. Part of the exercises adopt the same or similar question types of HSK 3~4, which can help learners get familiar with the exams if needed.

5.The Reading and Writing textbooks can be used together with the comprehensive textbooks and exercise books to meet different needs

Chinese in 10 Days · Reading & Writing, Chinese in 10 Days and *Chinese in 10 Days · Listening & Speaking* are the "Three in One" series textbooks, which complement and facilitate each other. In addition, this series of textbooks is completed with student books and exercise books for practicing writing Chinese characters. Teachers or institutes may choose teaching materials from the series according to their specific teaching objectives and needs.

This textbook has been used and revised by front-line teachers for three years, and it is the fruition of collective wisdom. We hope that such a set of reading and writing textbooks will make the reading and writing of Chinese characters no longer a difficult endeavor.

目　录 Contents

参考答案

第 11 课

一、句子 Sentences

（一）认读并连线 Read and match

1. 你喝不喝奶茶？　　　　　　A. 学校附近的饺子馆。

2. 你喜欢喝奶茶吗？　　　　　　B. 奶茶。

3. 您喝点儿什么？　　　　　　　C. 来一碗西红柿鸡蛋面。

4. 你去哪儿吃午饭？　　　　　　D. 喝，来一杯吧。

5. 来点儿什么主食？　　　　　　E. 不错，很好吃。

6. 那儿的饭菜怎么样？　　　　　F. 我很喜欢。

（二）认读并判断对错 True or false（√ / ×）

1. 我先看看菜单。　　·我现在结账。　　　　　　　　（　）

2. 你喜不喜欢吃鸡蛋？　·你喜欢吃鸡蛋吗？　　　　　　（　）

3. 请稍等。　　　　　·请等一下。　　　　　　　　　（　）

4. 欢迎再来。　　　　·你好，欢迎欢迎！　　　　　　（　）

5. 我们去肯德基_{Kěndéjī}吃饭吧。　·我们去肯德基吃饭，怎么样？（　）

二、短文 Passages

（一）

我很喜欢学校附近的<u>四川</u>菜馆。那儿的菜很好吃，也不贵。今天中午我和玛丽去那儿吃饭，我们两个人要一个麻婆豆腐，一个清炒西蓝花，一个铁板牛肉，两碗米饭。我们都不喜欢喝酒，我们要两杯<u>饮料</u>。一共是七十八块。

Sìchuān（name of a province） 对应"四川"

yǐnliào 对应"饮料"

菜太多了，麻婆豆腐打包。今天晚上，我在宿舍做米饭，和麻婆豆腐一起吃。

☐ 1. 阅读理解 Reading comprehension

（1）我们两个人要几个菜？

A. 两个　　　　B. 三个　　　　C. 四个　　　　D. 五个

（2）我们喝什么？

A. 啤酒　　　　B. 饮料　　　　C. 咖啡　　　　D. 矿泉水

（3）今天晚上我在哪儿吃晚饭？

A. 食堂　　　　B. 饭馆　　　　C. 四川　　　　D. 宿舍

☐ 2. 猜一猜 Guess the meaning of the underlined words according to the context

yǐnliào

饮料　　　　　　A. alcohol　　　　B. beverage

（二）

图书馆附近有一家咖啡馆，叫"啡语"。那儿的咖啡很好喝，一杯咖啡十五块钱，不太贵。还有很多小<u>点心</u>，很好吃。很多留学生喜欢在

diǎnxin 对应"点心"

"啡语"买一杯咖啡，然后（and then）在那儿看书、聊天儿或者（huòzhě）上网。

周末，我有时候在图书馆学习，有时候去咖啡馆学习。今天是星期六。下午，我和我的中国朋友丽娜一起去啡语。我买一杯咖啡、一块儿草莓蛋糕。丽娜喜欢甜的，不喜欢苦（kǔ）的，所以（suǒyǐ（so））她不喜欢喝咖啡。她买一杯果汁（guǒzhī）、一个面包。我们先复习、写作业。然后，我们用法语和汉语聊天儿。她给我介绍中国菜，我给她介绍法国菜。下个周末，我去她家吃中国菜。

□ 1. 读后判断对错 True or false（√ / ×）

（1）"啡语"是一家咖啡馆的名字。 （ ）

（2）"啡语"有喝的东西，没有吃的东西。 （ ）

（3）我每个周末都去咖啡馆学习。 （ ）

（4）我和丽娜今天一起在咖啡馆学习。 （ ）

□ 2. 读后填空 Fill in the blanks with proper words

（1）_____喜欢在咖啡馆看书、聊天儿或者上网。

（2）我买一杯咖啡和一块儿_____。

（3）我的朋友喜欢甜的，所以她买_____，不买咖啡。

（4）我介绍_____菜，她介绍中国菜。

□ 3. 猜一猜 Guess the meaning of the underlined words according to the context

（1）点心（diǎnxin）　　A. 一种吃的东西　　B. 一种喝的东西

（2）或者（huòzhě）　　A. and　　B. or

（3）有时候　　A. have time　　B. sometimes

（4）苦（kǔ）　　A. bitter　　B. sweet

（5）果汁（guǒzhī）　　A. wine　　B. juice

三、汉字 Characters

（一）学一学 Let's learn

碗² 米¹ 饿¹ 附⁴ 行¹ 走¹ 服¹ 务² 先¹ 菜¹ 单² 喜¹

欢¹ 牛¹ 肉¹ 红² 柿⁵ 鸡¹ 烤⁵ 鸭⁵ 要¹ 主² 喝¹ 壶⁶

绿² 茶¹ 稍⁵ 等¹ 结² 账⁶ 打¹ 迎² 错¹

□ 偏旁⑩ Radicals ⑩

偏旁 Radical	名称 Name	例字 Example	说明 Explanation
石	shízìpáng	矿、碗	shí（stone）石
火	huǒzìpáng	烤、炒	huǒ（fire）火
纟	jiǎosīpáng	红、绿	sī（silk）丝

（二）练一练 Let's practice

□ 1. 同音字连线 Match the characters with the same pronunciation

鸡　　柿　　务　　碗

是　　晚　　机　　物

□ 2. 选字填空 Choose the correct characters to complete the sentences

（1）先看看菜＿＿吧。　　　　　　　（A. 果 B. 单）

（2）我喜欢吃鸡＿＿。　　　　　　　（A. 肉 B. 两）

（3）我每天早上都喝一杯＿＿奶。　　（A. 午 B. 牛）

（4）_____两碗_____饭。　　　　　　（A. 来　B. 米）

□ **3. 写汉字** Write down the characters according to the radicals and *pinyin*

（1）要一个西蓝花_____包。扌（dǎ）

（2）她是_____务员，在饭馆工作。月（fú）

（3）你喜_____喝什么？又（huān）

（4）请您稍_____。竹（děng）

（5）这个_____好吃吗？艹（cài）

（6）欢_____再来！辶（yíng）

（7）你的汉语不_____。钅（cuò）

（8）西_____柿炒鸡蛋不贵。纟（hóng）

（9）我来_____账。纟（jié）

（10）再要一瓶啤酒，_____吗？彳（xíng）

四、看图写句子 Construct sentences according to the pictures with the words given

1. 茶

_____。

2. 喝

_____。

第 12 课

一、句子 Sentences

（一）认读并连线 Read and match

1. 美元的汇率是多少？ A. 都可以。

2. 您想喝咖啡还是茶？ B. 看，在那儿。

3. 我的钱包呢？ C. 在这儿签。

4. 在哪儿签字？ D. 不用，有银行卡就行了。

5. 我想取钱，要护照吗？ E. 一百美元换六百七十元人民币。

（二）认读并判断对错 True or false（√ / ×）

1. 饿死了，我要去食堂。 · 我想吃东西。 （　）

2. 请在这儿签一下字。 · 在这儿写你的名字。 （　）

3. 真一想换点儿人民币。 · 真一想换很多钱。 （　）

4. 安娜、真一在银行门口遇见金和永。 · 他们三个人一起去银行。 （　）

5. A：食堂的饭菜真好吃。 · B 不喜欢食堂的饭菜。 （　）

　B：可不是。

二、短文 Passages

（一）

王小英下学期要去英国留学，她要换英镑。她的英国朋友马丁下个月要去日本玩儿（wánr to play），要换日元。下午，他们一起去中国银行换钱。

银行里人很多，存款或者取款用ATM机就行了，不用排队，但是换钱要排队，要等好久。排队的时候，小英告诉马丁，她有很多朋友都要去国外上大学，有的去英国，有的去美国，还有的去法国。马丁告诉小英，英国的留学生很多。他来中国以前，认识一个日本女生。他要先去东京见这个朋友，然后（ránhòu）一起在日本玩儿。在日本买东西用银行卡（kǎ）就行了，不用换太多日元。

□ 1. 阅读理解 Reading comprehension

（1）王小英为什么换英镑？

　　A. 学习　　　　B. 玩儿　　　　C. 买东西　　　　D. 给朋友

（2）王小英和谁一起去银行？

　　A. 爸爸　　　　B. 妈妈　　　　C. 朋友　　　　D. 老师

（3）马丁去银行做什么？

　　A. 存钱　　　　B. 取钱　　　　C. 换钱　　　　D. 取银行卡

（4）马丁为什么不换太多日元？

　　A. 他有很多朋友　　　　　　B. 他不想买东西

　　C. 可以用银行卡　　　　　　D. 日本银行很多

□ 2. 读后填空 Fill in the blanks with proper words

王小英和马丁去银行＿＿＿＿＿＿＿＿。银行里人很多，排队要等＿＿＿＿＿＿＿＿。小英和她的很多朋友都要去＿＿＿＿＿＿＿＿＿留学。

马丁＿＿＿＿＿＿＿她，英国有很多＿＿＿＿＿＿＿＿，他在英国认识一

个＿＿＿＿＿＿＿朋友。他去日本要和这个朋友＿＿＿＿＿＿＿＿＿玩儿。

☐ **3. 猜一猜** Guess the meaning of the underlined words according to the context

（1）学期：　　A. season　　　　B. semester, term

（2）以前：　　A. before　　　　B. after

（3）东京：　　A. Tokyo　　　　B. Seoul

（4）然后^{ránhòu}：　　A. from now on　　B. then, after that

（4）然后：　　A. from now on　　B. then, after that

（5）卡^{kǎ}：　　A. card　　　　B. paper

> 跟同学们分享一下，你用了什么方法来猜这些词的意思？ Share with your classmates how you guessed the meaning of the words.

（二）

昨天我去银行申请(shēnqǐng)信用卡(xìnyòngkǎ)。申请信用卡要填(tián)一个申请表(biǎo)。表格(biǎogé)里有很多信息(xìnxī)，姓名、性别(xìngbié)、出生(chūshēng)日期(rìqī)、国籍(guójí)、护照号码(hàomǎ)都要填。最后(at last)，还要签名。

> "我"去银行做什么？

☐ 1. 猜一猜 Guess the meaning of the underlined words according to the context

（1）verbs

shēnqǐng 申 请	to sign name
tián 填	to be born
chūshēng 出 生	to apply
签名	to fill in (blanks or forms)

（2）nouns

xìnyòngkǎ 信用卡	form, table
biǎogé 表格	information
biǎo 申 请 表	date
xìnxī 信息	number
xìngbié 性别	credit card
rìqī 日 期	application form
guójí 国籍	gender
hàomǎ 号码	nationality

☐ 2. 根据实际情况填表 Fill in the form based on your own situation

十日通银行　　　　**信用卡申请表**

姓　名　　　　　　　　　　性　别：☐男　☐女

国　籍　　　　　　　　　　出生日期：☐☐☐☐☐☐☐☐

护照号码：☐☐☐☐☐☐☐☐☐

签名：

＿＿年＿＿月＿＿日

三、汉字 Characters

（一）学一学 Let's learn

换² 营³ 百¹ 千² 汇⁴ 率⁴ 护² 想¹ 取² 输³ 码⁴ 遍²
签⁵ 银² 存³ 用¹ 自² 动¹ 款⁵ 排² 队² 门¹ 遇⁴ 告¹ 诉¹

☐ 偏旁⑪ Radicals⑪

偏旁 Radical	名称 Name	例字 Example	说明 Explanation
车	chēzìpáng	输	chē（vehicle） 车
力 力	lìzìpáng	务、动	lì（strength） 力
扌	tíshǒupáng	打、换	shǒu（hand） 手

（二）练一练 Let's practice

☐ **1. 同音字连线** Match the characters with the same pronunciation

千　　字　　对　　绿　　书　　马

自　　率　　队　　输　　签　　码

☐ **2. 选字填空** Choose the correct characters to complete the sentences

（1）妈妈＿＿银行＿＿钱。　　　　　　　（A.存 B.后 C.在）

（2）玛丽告＿＿我，她买两＿＿苹果。　（A.斤 B.近 C.诉）

（3）取钱要输两遍密＿＿，对＿＿？　　（A.吗 B.妈 C.码）

（4）＿＿老师用＿＿动取款机取一＿＿块钱。（A.百 B.白 C.自）

❑ **3. 写汉字** Write down the characters according to the radicals and *pinyin*

（1）我要_____一百欧元。扌（huàn）

（2）你要存钱还是_____钱？耳（qǔ）

（3）我_____给妈妈买一个礼物。心（xiǎng）

（4）老师告_____我们要多听多说。讠（sù）

（5）食堂里人很多，要_____队。扌（pái）

（6）我在图书馆门口_____见一个朋友。辶（yù）

（7）明天下午，我要去_____行。钅（yín）

（8）你可以用自_____取款机取钱。力（dòng）

（9）请给我看一下您的_____照。扌（hù）

（10）请您在这儿_____字。竹（qiān）

四、看图写句子 Construct sentences according to the pictures with the words given

1. 遇见

_____。

2. 银行

_____。

第 13 课

一、句子 Sentences

（一）认读并连线 Read and match

1. 学校里有书店吗？   A. 有啊，这儿什么咖啡都有。

2. 请问，书店在哪儿？   B. 你看，书店就在前边。

3. 这家咖啡馆有牛奶咖啡吗？ C. 我想喝牛奶咖啡。

4. 你要什么咖啡？   D. 有，南门附近就有一个书店。

（二）认读并判断对错 True or false（√ / ×）

1. 有时间到我们宿舍来玩儿吧。·欢迎你来我的宿舍。   （　　）

2. 玛丽在安娜旁边。·欢迎你来我的宿舍。   （　　）

3. 李老师住在王老师南边。·王老师住在李老师北边。   （　　）

3. 李老师住在王老师南边。·我住在这个宿舍楼。   （　　）

5. A：超市里有什么？·超市里没有矿泉水。   （　　）
   B：啤酒、咖啡，什么都有。

二、短文 Passages

（一）

北京语言大学在北京的西北边，也叫北语，是一所非常好的大学。

很多中国学生和外国学生都想到这儿学习。北语附近也有很多好大学，比如，北语西边的清华大学和北京大学是中国最好的大学。在北语学习和生活都非常方便。学校里边，书店、咖啡馆、银行、超市、邮局、医院，什么都有。可以来北语学习汉语，我很高兴。

找一找：短文里都说了哪些地方的名字？

1. 阅读理解 Reading comprehension

（1）北语在哪儿？

A. 北京的西边　　　　　　B. 北京大学的东边

C. 北京的北边　　　　　　D. 北京大学的西北边

（2）清华大学在哪儿？

A. 北京大学的南边　　　　B. 北语的南边

C. 北京大学的西边　　　　D. 北语的西边

（3）我是哪个学校的学生？

A. 清华大学　　　　　　　B. 北京大学

C. 北京语言大学　　　　　D. 中国最好的大学

2. 读后填空 Fill in the blanks with proper words

很多学生都想到_____学习，因为这是一所非常好的_____。学校里边有书店，还有_____，所以，买书、换钱都不用到外边去，非常_____。我很_____可以来北语学习。

3. 猜一猜 Guess the meaning of the underlined words according to the context

（1）所　　　　　　A. the name of a university

（2）比如　　　　　B. convenient

（3）清华　　　　　C. for example

（4）最　　　　D. a measure word

（5）<ruby>生活<rt>shēnghuó</rt></ruby>　　　E. life, living

（6）<ruby>方便<rt>fāngbiàn</rt></ruby>　　　F. the most

跟同学们分享一下，你用了什么方法来猜这些词的意思？Share with your classmates how you guessed the meaning of the words.

（二）

　　我们学校的食堂很大，在图书馆南边。学生食堂在一层、二层和三层。那儿的饭菜很好吃，也不贵。四层是<ruby>餐厅<rt>cāntīng</rt></ruby>，有日本菜、韩国菜、<ruby>东南亚<rt>Dōngnányà</rt></ruby>菜，还有一个咖啡厅。五层是一个饭店，有<ruby>各种<rt>gèzhǒng</rt></ruby>好吃的中国菜。食堂一层的西边有一个<ruby>穆斯林<rt>mùsīlín</rt></ruby>餐厅，那儿的<ruby>羊肉<rt>yángròu</rt></ruby>非常好吃。图书馆北边有一家宾馆，宾馆一层还有一家西餐厅，有<ruby>意大利<rt>Yìdàlì</rt></ruby>面和pizza。学校里哪个国家的饭菜都有，想吃什么都行。

❑ 1. 阅读理解 Reading comprehension

（1）图书馆在食堂的哪边？

　　A. 东边　　　B. 南边　　　C. 西边　　　D. 北边

（2）学生食堂的菜怎么样？

　　A. 很贵　　　B. 很少　　　C. 好吃　　　D. 难吃

（3）哪个饭馆不在食堂四层？

　　A. 西餐厅　　B. 日本餐厅　C. 韩国餐厅　D. 东南亚餐厅

（4）食堂几层有好吃的羊肉？

　　A. 一层　　　B. 二层　　　C. 三层　　　D. 四层

（5）哪儿可以吃意大利面？

      A. 图书馆　　　　B. 宾馆一层　　　　C. 食堂四层　　　　D. 食堂五层

☐ **2. 猜一猜 Guess the meaning of the underlined words according to the context**

（1）餐厅 (cāntīng)　　A. restaurant　　B. bar

（2）东南亚 (Dōngnányà)　　A. East Asia　　B. Southeast Asia

（3）饭店　　A. small restaurant　　B. big restaurant

（4）各种 (gè zhǒng)　　A. all kinds of　　B. some

（5）羊肉 (yángròu)　　A. sheep　　B. mutton

（6）意大利 (Yìdàlì)　　A. Italy　　B. pasta

三、汉字 Characters

（一）学一学 Let's learn

边¹　就¹　超²　市²　南¹　北¹　铅⁶　橡⁷　皮³　找¹　旁¹　左¹
右¹　楼¹　住¹　层²　房¹　间¹　玩¹　外¹　邮³　局⁴　桌¹　里¹

☐ **偏旁 ⑫ Radicals⑫**

偏旁 Radical	名称 Name	例字 Example	说明 Explanation
走	zǒuzìdǐ	起、超	zǒu（walk）走
尸	shīzìpáng	层、局	shī（corpse）尸
户	hùzìpáng	房	hù（door）户
阝	yòu'ěrdāo	邮	city（on the right）

（二）练一练 Let's practice

☐ **1. 同音字连线 Match the characters with the same pronunciation**

是　千　橘　礼　觉　十

教　时　里　局　市　铅

☐ **2. 加拼音并组词 Write down *pinyin* of each character and make a word with it**

例：人（ rén ） 中国人　　认（ rèn ） 认识

（1）旁（　　）_____　　房（　　）_____

（2）元（　　）_____　　玩（　　）_____

（3）马（　　）_____　　码（　　）_____

（4）市（　　）_____　　柿（　　）_____

（5）长（　　） 校长 　　账（　　）_____

☐ **3. 选字填空 Choose the correct characters to complete the sentences**

（1）请____，您什么时候有时____？　　（A.问 B.间 C.同）

（2）她的宿舍楼____食堂____边。　　（A.存 B.后 C.在）

（3）他____床以后去____市。　　（A.起 B.赶 C.超）

（4）我的____间在一号楼九____。　　（A.层 B.房 C.旁）

（5）____想____一个ATM机取____。　　（A.钱 B.我 C.找）

☐ **4. 写汉字 Write down the characters according to the radicals and *pinyin***

（1）学校东门_____边有一家KFC。　⼘（ wài ）

（2）我想_____白老师。　扌（ zhǎo ）

（3）我的教室在这个楼的五_____。 尸（céng）

（4）你_____在哪个房间？ 亻（zhù）

（5）这位_____是我的汉语老师。 京（jiù）

（6）我明天下午要去邮_____。 尸（jú）

（7）你想去超_____吗？ 宀（shì）

（8）请问，邮局_____边是银行吗？ 方（páng）

（9）词典在我_____子上呢。 木（zhuō）

（10）来我宿舍_____儿吧。 王（wán）

四、看图写句子 **Construct sentences according to the pictures with the words given**

1. 南边

_____。

2. 房间

_____。

第 14 课

一、句子 **Sentences**

（一）认读并连线 **Read and match**

1. 我能问你一个问题吗？　　　　A. 我正要去银行呢，没问题。

2. Tiger 用汉语怎么说？　　　　B. 没问题，你说吧。

3. 我能坐在你旁边吗？　　　　　C. 行啊，请坐。

4. 你会做中国菜吗？　　　　　　D. 老虎。

5. 你能帮我换点儿钱吗？　　　　E. 会，我帮你写一下吧。

6. 你会写"词典"的"典"吗？　　F. 我不会，我姐姐会做。

（二）认读并判断对错 **True or false**（√ / ×）

1. 兰兰和小美是语伴儿。　　·兰兰和小美一起练习外语。（　）

2. 娜娜的汉语不错。　　　　·娜娜的汉语马马虎虎。（　）

3. 我正想去教室呢。　　　　·现在我不在教室。（　）

4. 老师告诉我上课不能说英语。·我不会说英语。（　）

5. A：姐，你今天做饭吗？　　·姐姐不会做饭。（　）
   B：今天没有时间，去食堂吧。

二、短文 Passages

（一）

读一读："我"想做什么？

大家好！（everybody）我是来自韩国的留学生，我叫韩娜，现在在汉语学院学习汉语。我想找一个语伴儿。如果（rúguǒ）你是韩语专业（zhuānyè）的学生或者（huòzhě）想学习韩国语，我们可以一起学习。我教你韩国语，你教我汉语，我们一起练习听力和口语。我会做韩国菜，也很喜欢吃中国菜，我们可以一起做饭、一起玩儿。如果你正想找一个韩国语伴儿，请给我打电话。我的电话号码是 82598866。

☐ 1. 读后填空 Fill in the blanks with proper words

韩娜是＿＿＿＿留学生，在汉语＿＿＿＿学习。她想找一个韩语＿＿＿＿的学生或者想学韩国语的人一起学习。两个人可以＿＿＿＿听力和口语，还可以一起玩儿。想找韩国＿＿＿＿的人可以给她打电话。她的电话＿＿＿＿是 82598866。

☐ 2. 猜一猜 Guess the meaning of the underlined words according to the context

（1）来自　　　　A. to come from　　　B. to go to

（2）如果（rúguǒ）　　A. even　　　　　　B. if

（3）专业（zhuānyè）　A. major　　　　　　B. college

（4）或者（huòzhě）　　A. x or y? (question)　B. x or y. (statement)

（二）

在中国，所有（suǒyǒu）学生都要学一门外语。一般（yìbān）是从（from）小学开始（to begin）学习英语。

上中学以后，大部分学生继续学习英语，一小部分学生改学其他外语，比如，俄语、日语。因为中国学生考大学的时候，外语非常重要，所以，现在很多学生白天在学校上课，晚上或者周末还要在学习班学习。学习班还有儿童英语，很多小朋友还没上小学，就开始学习英语了。

> 找一找：哪些词在文章中出现的次数最多？ Read and find out: Which words appear most frequently in the article?

☐ **1. 读后判断对错 True or false（ √ / × ）**

（1）小学有英语课。　　　　　　　　　　　（　　）

（2）所有的中学生都要学习英语。　　　　　（　　）

（3）中国学生考大学的时候要考外语。　　　（　　）

（4）很多学生白天在学习班学习。　　　　　（　　）

（5）上小学以前，不学习外语。　　　　　　（　　）

☐ **2. 猜一猜 Guess the meaning of the underlined words according to the context**

（1）所有　　　　A. all　　　　B. some

（2）门　　　　　A. door　　　　B. a measure word

（3）一般　　　　A. generally　　B. rarely

（4）部分　　　　A. all　　　　B. part

（5）继续　　　　A. to continue　B. no longer

（6）改　　　　　A. to correct　　B. to change

（7）其他　　　　A. his　　　　B. other

（8）考　　　　　A. to take exam　B. to study

（9）白天　　A. night　　B. day time

（10）儿童　értóng　A. children　　B. adults

三、汉字 Characters

（一）学一学 Let's learn

只² 会¹ 说¹ 能¹ 坐¹ 意² 思² 粽⁷ 帮¹ 题² 建³ 议³
正¹ 伴⁴ 咱² 言² 为² 定² 话¹ 非¹ 常¹ 因² 练² 听¹ 同¹

偏旁⑬ Radicals⑬

偏旁 Radical	名称 Name	例字 Example	说明 Explanation
廴	jiànzìdǐ	建	to go, to stretch
米	mǐzìpáng	粽	mǐ（rice） 米
页	yèzìpáng	题、预	yè（head, page） 页
巾	jīnzìdǐ	帮	jīn（cloth） 巾

（二）练一练　Let's practice

1. 同音字连线 Match the characters with the same pronunciation

作　见　意　飞　长　店

非　电　坐　建　议　常

❏ **2. 加拼音并组词** Write down *pinyin* of each character and make a word with it

例：人（ rén ）中国人　　认（ rèn ）认识

（1）半（　　）_____　　　伴（　　）_____

（2）非（　　）_____　　　啡（　　）_____

（3）门（　　）_____　　　们（　　）_____

❏ **3. 选字填空** Choose the correct characters to complete the sentences

（1）我要给_____伴儿打电_____。　　（A. 说 B. 话 C. 语）

（2）_____师可以给你一点儿_____议。　（A. 律 B. 建 C. 健）

（3）这儿的咖_____ _____常好喝，有很多人_____队。

（A. 非 B. 啡 C. 排）

（4）这是我_____学的_____典。　　（A. 同 B. 问 C. 词）

（5）我最_____想多练习一下_____力。　（A. 斤 B. 近 C. 听）

（6）英语_____的课很多，学生都很_____。（A. 系 B. 累）

❏ **4. 字谜游戏** Word puzzle

①　　　院　　习

②　　　系　有

③　打　店

④　为

❏ **5. 写汉字** Write down the characters according to the radicals and *pinyin*

（1）你可以_____我买一本词典吗？巾（bāng）

（2）学习语言很有_____思。 心（yì）

（3）老师告诉我要多_____、多说。 口（tīng）

（4）我每天都_____习写汉字。 纟（liàn）

（5）他想问老师一个问_____。 页（tí）

（6）我_____议你找一个语伴儿。 又（jiàn）

（7）一言为_____！ 宀（dìng）

（8）老师_____和我们一起去长城吗？ 匕（néng）

（9）我哥哥不会_____汉语。 讠（shuō）

（10）你就_____我旁边吧。 土（zuò）

四、看图写句子 Construct sentences according to the pictures with the words given

1. 电话

_____。

2. 教

_____。

第15课

一、句子 Sentences

（一）认读并连线　Read and match

1. 你知道你的朋友周末去哪儿吗？　　　A. 不远。

2. 你的朋友周末去哪儿？　　　　　　　B. 骑车大概十五分钟。

3. 北京大学离这儿有多远？　　　　　　C. 他要去中国国家博物馆。

4. 请问，去北京大学怎么走？　　　　　D. 我们想骑车去。

5. 你们怎么去天安门？　　　　　　　　E. 知道啊。

6. 国家博物馆离天安门远不远？　　　　F. 一直往前走，走到丁字路
　　　　　　　　　　　　　　　　　　　口就到了。

（二）认读并判断对错　True or false（ √ / × ）

1. 我不知道丽丽是美国人。　　·丽丽不是美国人。　　　　　（　　）

2. 老师知道我爸爸不会说汉语。　·老师知道我爸爸会不会　（　　）
　　　　　　　　　　　　　　　　　说汉语。

3. 我妹妹今年二十三岁。　　　·我妹妹今年二十多岁。　　（　　）

4. 坐地铁去国家图书馆大概半　·坐地铁去国家图书馆快　（　　）
　　个小时，坐公共汽车要四十　　一点儿。
　　分钟。

5. A：一班人多还是二班人多？　·二班人很少。　　　　　　（　　）
　　B：一班多一点儿。

二、短文 **Passages**

（一）

找一找：短文里说了哪些"地名"？你怎么是怎么找到的？ Find out the names of places in the article. How did you find them? Share your tips.

中国国家博物馆在天安门广场东边，是中国最大的博物馆，有一百多年的历史。2003年以前是中国历史博物馆和中国革命博物馆 gémìng（revolution）。国家博物馆有很多展览 zhǎnlǎn。历史展、文化展、艺术展 yìshù，什么都有。

国家博物馆可以免费 miǎnfèi 参观。外国人有护照就行了，不用花钱。周二到周日上午9:00开 kāi 门，下午5:00关门 guān。虽然 suīrán 离学校比较远，但是很方便 fāngbiàn，坐地铁到天安门东站就行了。

"展"是什么意思？在这一段里找一找。

☐ **1. 读后判断对错** **True or false**（√ / ×）

（1）天安门广场在中国国家博物馆西边。 （　　）

（2）国家博物馆的历史大概有一百多年。 （　　）

（3）中国历史博物馆和中国革命博物馆以前叫中国国家博物馆。（　　）

（4）中国的博物馆都不要钱。 （　　）

（5）国家博物馆星期一不开门。 （　　）

（6）去国家博物馆很方便，因为离学校不太远。 （　　）

□ **2. 猜一猜 Guess the meaning of the underlined words according to the context**

（1）展览 ^{zhǎnlǎn}　　A. exhibition　　B. souvenir

（2）艺术 ^{yìshù}　　A. art　　　　　B. sport

（3）免费 ^{miǎnfèi}　　A. cheap　　　B. free

（4）开 ^{kāi}　　　A. to open　　B. to close

（5）关 ^{guān}　　　A. to open　　B. to close

（6）虽然 ^{suīrán}　　A. though　　　B. if

（二）

地球上有七大洲四大洋。七大洲包括亚洲、欧洲、北美洲、南美洲、非洲、大洋洲、南极洲。其中，最大的是亚洲，最小的是大洋洲。四大洋包括太平洋、大西洋、印度洋、北冰洋。其中，最大的是太平洋，最小的是北冰洋。

俄罗斯是世界上最大的国家，在欧洲和亚洲。中国是第三大国家，在亚洲东部。俄罗斯东部离中国很近，西部离中国很远。从北京坐火车到莫斯科大概要五天。

□ **1. 读第一段并在表格中写出七大洲和四大洋的中文名字 Read the first paragraph and fill the Chinese names of the Seven Continents and the Four Oceans in the form**

大洲 Continents	Africa	
	Antarctica	
	Asia	

大洲 Continents	Europe	
	North America	
	Oceania	
	South America	
大洋 Oceans	Arctic Ocean	
	Atlantic Ocean	
	Indian Ocean	
	Pacific Ocean	

❑ **2. 猜一猜 Guess the meaning of the underlined words according to the context**

（1）地球 dìqiú　　　A. the Earth　　　B. planet

（2）包括 bāokuò　　　A. include　　　B. exclude

（3）其中 qízhōng　　　A. except　　　B. among these

（4）世界 shìjiè　　　A. world　　　B. universe

❑ **3. 读后判断对错 True or false（√ / ×）**

（1）地球上有四大洲和七大洋。　　　（　）

（2）欧洲是地球上最小的洲。　　　（　）

（3）世界上最大的国家是俄罗斯。　　　（　）

（4）中国是一个亚洲国家。　　　（　）

（5）从北京去莫斯科可以坐火车。　　　（　）

三、汉字 Characters

（一）学一学 Let's learn

离² 远¹ 聚⁴ 跟¹ 骑² 车¹ 钟² 出¹ 租² 地¹ 铁² 汽¹
路¹ 知¹ 道¹ 历³ 史⁴ 博⁵ 参² 观² 概³ 直² 站¹ 往²
拐⁶ 化³ 比¹ 较³ 慢¹

□ 偏旁 ⑭ Radicals⑭

偏旁 Radical	名称 Name	例字 Example	说明 Explanation
𧾷	zúzìpáng	跟、路	zú（foot） 足
马	mǎzìpáng	骑	mǎ（horse） 马
禾	hézìpáng	租	hé（standing grain） 禾
土	títǔpáng	地	tǔ（soil） 土

（二）练一练 Let's practice

□ 1. 同音字连线 Match the characters with the same pronunciation

网　笔　到　叫　弟　字　话

比　往　较　自　化　道　地

☐ **2. 加拼音并组词** Write down *pinyin* of each character and make a word with it

例：人（ rén ） 中国人　　　 认（ rèn ） 认识

（1）元（　　　）＿＿＿＿＿　　 远（　　　）＿＿＿＿＿

（2）气（　　　）＿＿＿＿＿　　 汽（　　　）＿＿＿＿＿

（3）中（　　　）＿＿＿＿＿　　 钟（　　　）＿＿＿＿＿

（4）块（　　　）＿＿＿＿＿　　 快（　　　）＿＿＿＿＿

（5）饺（　　　）＿＿＿＿＿　　 较（　　　）＿＿＿＿＿

☐ **3. 选字填空** Choose the correct characters to complete the sentences

（1）我＿＿＿朋友一起去＿＿＿行换钱。　　　　　（A. 跟 B. 很 C. 银）

（2）他坐出＿＿＿车去超市买＿＿＿蕉。　　　　　（A. 姐 B. 租 C. 香）

（3）我＿＿＿哥哥都＿＿＿道这家＿＿＿院。　　　（A. 医 B. 知 C. 和）

（4）我＿＿＿较喜欢中国文＿＿＿。　　　　　　　（A. 化 B. 比 C. 北）

（5）我＿＿＿的一＿＿＿都非常喜欢你。　　　　　（A. 且 B. 直 C. 真）

（6）他不＿＿＿在这儿，他的房间还要＿＿＿前走。（A. 住 B. 往）

☐ **4. 写汉字** Write down the characters according to the radicals and *pinyin*

（1）弟弟走路很＿＿＿＿＿。⸢忄⸥（kuài）

（2）那儿离这儿很近，打车只要五分＿＿＿＿＿。⸢钅⸥（zhōng）

（3）咱们什么时候去＿＿＿＿＿观博物馆？⸢𠂉⸥（cān）

（4）请问，附近有没有汽车＿＿＿＿＿？⸢立⸥（zhàn）

（5）这是我妹妹的＿＿＿＿＿史书。⸢厂⸥（lì）

（6）我的宿舍离教室比_____近。车（jiào）

（7）老师_____学生一起去长城。足（gēn）

（8）你知_____怎么去中国国家博物馆吗？辶（dào）

（9）一直_____前走，就到邮局了。彳（wǎng）

（10）你坐_____铁还是坐汽车？土（dì）

四、看图写句子 Construct sentences according to the pictures with the words given

1. 坐

_____。

2. 自行车

_____。

第 16 课

（一）认读并连线 Read and match

1. 你有什么爱好？   A. 我一般看看书，游游泳，打打球。

2. 你们喜欢做什么？   B. 我喜欢滑冰，他也喜欢滑冰。

3. 你周末常常做什么？   C. 没问题，你有空儿就行。

4. 你喜欢运动吗？   D. 我喜欢唱歌，还喜欢跳舞。

5. 你能教我打乒乓球吗？   E. 打得还可以，有空儿一起玩儿吧。

6. 你排球打得怎么样？   F. 喜欢，足球、篮球、网球什么的，
                                    我都喜欢。

（二）认读并判断对错 True or false（√ / ×）

1. 乒乓球、排球什么的，我都喜欢。

 · 我只喜欢乒乓球和排球。   （   ）

2. 您什么时候有空儿，咱们一起打球吧。

 · 我只想知道您什么时候有空儿。   （   ）

3. 我昨天写作业写到很晚。

 · 我每天都睡得很晚。   （   ）

4. 下次去踢球的时候，请韩老师一起去吧。

 · 我想跟韩老师一起踢足球。   （   ）

二、短文 Passages

（一）

> 这篇文章一共有几段？请用1分钟，读一读每段的第一个句子，说一说，这篇文章的主要意思是什么？How many paragraphs are there in the passage? Please read the first sentence of each paragraph within one minute and talk about the main idea of this passage.

我很喜欢运动，因为这样对身体非常好。

上大学以前，我最大的爱好是滑冰。我非常喜欢滑冰。虽然没有老师教我，但是，我滑得还不错。我家在中国的东北。每年冬天（dōngtiān winter），学校里都有免费（miǎnfèi）的冰场。我几乎（jīhū）每天都要滑一个多小时。

来北京上大学以后，我很少去滑冰，因为北京的冰场不太多，离学校很远，而且（érqiě besides, also）比较贵。后来，我的同学叫我一起去学校的体育（tǐyù）馆打羽毛球。现在我非常喜欢羽毛球，我打得还可以。

有的时候，我也去操场（cāochǎng）跑步（pǎobù running），但是，我跑得比较慢。半个小时只能跑4公里（gōnglǐ）。

1. 读后判断对错 True or false（√/×）

（1）在家的时候，滑冰不要钱。　　　　　　（　　）

（2）我在北京上大学。　　　　　　　　　　（　　）

（3）我很喜欢北京的冰场。　　　　　　　　（　　）

（4）我跑得非常快。　　　　　　　　　　　（　　）

2. 读后填空 Fill in the blanks with proper words

（1）_____对身体非常好。

（2）没有老师教我＿＿＿＿＿。

（3）学校的＿＿＿＿＿可以打羽毛球。

（4）我常常跟＿＿＿＿＿一起打球。

☐ 3. 猜一猜 Guess the meaning of the underlined words according to the context

（1）几乎 jīhū   A. almost   B. all

（2）很少   A. often   B. seldom

（3）后来   A. later   B. earlier

（4）体育 tǐyù   A. art   B. sport, PE

（5）体育馆   A. stadium   B. playground

（6）操场 cāochǎng   A. stadium   B. playground

（7）公里 gōnglǐ   A. km   B. kg

（二）

我们班一共有十五个同学，来自十个国家。很多同学都喜欢运动。我们班的美国同学篮球打得很好，巴西同学足球踢得很棒，日本同学游泳游得非常快，印尼同学羽毛球打得非常棒。还有很多同学喜欢艺术（yìshù）。法国同学画（huà v.）画儿（huàr n.）画得很好看，韩国同学跳舞跳得很帅（shuài handsome），英国同学唱歌唱得很好听，弹钢琴（tán gāngqín）弹得也非常棒。

我们班的同学都是好朋友，大家周末常常聚会，每次都玩儿得很开心。下次，我们想请老师参加（cānjiā to participate in）我们的聚会，跟我们一起玩儿。

在课文里找到这些国家的名字。（1分钟）

1. 连线：他们有什么爱好？ Write down the hobbies in Chinese and draw lines to make matches

踢足球 ___ ___ ___ ___ ___ ___

2. 读后判断对错 True or false（√ / ×）

（1）我们班有十个国家的留学生。　　　（　）

（2）每个同学都喜欢运动。　　　　　　（　）

（3）我的英国同学会弹钢琴。　　　　　（　）

（4）同学们常常跟老师一起聚会。　　　（　）

三、汉字 Characters

（一）学一学 Let's learn

唱¹ 歌⁶ 棒⁵ 球¹ 篮² 羽² 踢⁶ 足³ 运² 乒⁷ 乓⁷ 游²
泳³ 空² 跳³ 舞³ 滑⁵ 冰⁴ 干¹ 件² 信² 操⁴ 心² 班¹ 次¹

偏旁⑮ Radicals⑮

偏旁 Radical	名称 Name	例字 Example	说明 Explanation
欠	qiànzìpáng	歌	yawn
王	wángzìpáng	球、理	jade
冫	liǎngdiǎnshuǐ	冰	ice
穴	xuézìtóu	空	xué（hole）穴

（二）练一练 Let's practice

1. 同音字连线 Match the characters with the same pronunciation

哥　兰　语　邮　五　见

舞　羽　歌　篮　游　件

2. 加拼音并组词 Write down *pinyin* of each character and make a word with it

（1）打（　　　）_____　　_____

（2）邮（　　　）_____　　_____

（3）排（　　　）_____　　_____

（4）动（　　　）_____　　_____

（5）网（　　　）_____　　_____

（6）毛（　　　）_____　　_____

（7）听（　　　）_____　　_____

（8）文（　　　）_____　　_____

☐ **3. 选字填空** Choose the correct characters to complete the sentences

（1）你什么时候有空儿，我请你＿＿茶。　　（A. 喝　B. 唱）

（2）我喜欢滑＿＿，还喜欢游＿＿。　　（A. 泳　B. 冰）

（3）我看爸妈的＿＿呢。　　（A. 言　B. 信）

（4）今天你请我吃饭，下＿＿我请你。　　（A. 次　B. 欢）

（5）她跳舞跳得非常＿＿。　　（A. 样　B. 棒）

（6）这橘子真甜！你＿＿。　　（A. 常常　B. 尝尝）

☐ **4. 写汉字** Write down the characters according to the radicals and *pinyin*

（1）你会唱中文＿＿吗？　欠（gē）

（2）下＿＿我们一起去滑冰吧？　冫（cì）

（3）你这个周末有＿＿儿吗？　穴（kòng）

（4）我每个星期＿＿动三四次。　辶（yùn）

（5）我想看看邮＿＿。　亻（jiàn）

（6）这位是我们＿＿的老师。　王（bān）

（7）我下课以后去踢足＿＿。　王（qiú）

（8）你什么时候去＿＿泳？　冫（yóu）

（9）你跳＿＿跳得真棒！　宀（wǔ）

（10）我想给爸妈写＿＿。　亻（xìn）

四、看图写话 Write 2-3 sentences to describe the pictures with the words given

1. 排球、棒

_____

_____

_____

_____

2. 教、跳舞

_____

_____

_____

_____

第 17 课

Sentences

（一）认读并连线 Read and match

1. 五道口怎么样？   A. 每个星期两三次。

2. 你在书店买什么了？   B. 人很多，很热闹。

3. 上个周末你去哪儿了？   C. 我买了两本书，一本词典。

4. 咱们什么时候去唱卡拉OK？ D. 大概一个小时。

5. 你写了多长时间作业？   E. 我去长城玩儿了。

6. 你多长时间逛一次超市？ F. 周五下午吧。

（二）认读并判断对错 True or false（√ / × ）

1. 今天商店打折，东西多便宜啊。·今天商店打折的东西很多。（　　）

2. 三里屯儿晚上热闹极了。　　　·三里屯儿晚上人很多。　　　（　　）
   <small>túnr</small>

3. 他们写了一上午作业。　　　　·他们上午一直写作业。　　　（　　）

4. 真一：回家吧！　　　　　　　·美子想回家。　　　　　　　（　　）
   美子：再逛一会儿吧，我还没

   买裙子呢。

5. 真一：今天玩儿得开心吗？　　·安娜玩儿得不太开心。　　　（　　）
   安娜：那还用说。

二、短文 Passages

wǎngzhǐ（website） 网址	https://www.jd.com	https://www.taobao.com	https://www.amazon.com
公司名			

（一）

找一找：你认识这些公司吗？在课文里找一找这些公司的名字。Do you know these companies? Please find out their Chinese names in the article.

现在，中国有很多互联网（hùliánwǎng）商店，比如，京东、淘宝（Táobǎo）、亚马逊（Yàmǎxùn）等等。最近几年，我常常在网上买东西。我在京东上买了一台（tái）笔记本电脑（diànnǎo）、一台电视、一台空调（kōngtiáo），还有一台洗（xǐ）衣机；在淘宝上买了不少衣服（yīfu，clothes）；在亚马逊上买了很多书。

以前，在网上买东西要等很长时间，而且（érqiě）你不知道东西什么时候会（will）送到家。现在，网上购物（gòuwù）很快。比如，在京东上买东西，如果上午11点以前下单（to place an order），下午或者晚上就能送到家里；如果晚上十一点以前下单，大概第二天中午就能送到。

❑ 1. 读后判断对错 True or false（√ / ×）

（1）亚马逊是一家互联网商店的名字。　　　（　）

（2）我什么东西都在网上买。　　　（　）

（3）在京东上，可以买电脑。　　　（　）

（4）现在在网上买东西，不用等太久。　　　（　）

❑ **2. 读后填空 Fill in the blanks with proper words**

（1）中国的互联网_____很多。

（2）我常常在淘宝上买_____。

（3）以前在网上买东西，等的_____很长。

（4）如果今天下午在京东上买东西，明天_____就能送到。

❑ **3. 猜一猜 Guess the meaning of the underlined words according to the context**

（1）互联网 ^{hùliánwǎng}　　　　　A. washing machine

（2）等等　　　　　B. internet

（3）台 ^{tái}　　　　　C. air conditioner

（4）电脑 ^{diànnǎo}　　　　　D. a measure word

（5）空调 ^{kōngtiáo}　　　　　E. shopping

（6）洗衣机 ^{xǐ}　　　　　F. etc., and so on

（7）购物 ^{gòuwù}　　　　　G. computer

（二）

在课文里说了哪些运动？（1分钟）

大家好！我是来自马来西亚的留学生，我叫周子画。我爱好运动。游泳、羽毛球、排球什么的，我都喜欢。我几乎每天都运动。我常常游泳，因为游泳对身体很好。不太忙的时候，我大概游一个多小时；如果比较忙，有时候我也会游半个小时。

我有几个同胞，他们羽毛球打得都很棒。我们每个星期二下午一起打球。虽然我很喜欢羽毛球，但是我打得马马虎虎。所以，我的同胞经常教我怎么打。

　　我最喜欢的运动是排球。我是学校排球队的队员。我和队友们每个星期一起练习两次，每次打两个小时球。我们还常常参加比赛。赢的时候，大家都很开心；输的时候，也没关系，因为我们在比赛中认识了很多朋友。

□ 1. 阅读理解　Reading comprehension

（1）如果有时间，我大概游多长时间泳？

A. 半个小时　　　　　　B. 一个多小时

C. 两个半小时　　　　　D. 两三个小时

（2）关于我的同胞（about），哪个说法（statement）是对的？

A. 喜欢游泳　　　　　　B. 是我同学

C. 爱好羽毛球　　　　　D. 每周打两次球

（3）关于排球比赛，哪个说法是对的？

A. 每次都赢　　　　　　B. 每次都输

C. 我不能参加　　　　　D. 能认识朋友

□ 2. 词汇扩展　Vocabulary building

	队（team）
人很多，要_____。	排球队（　　　　　）
	队　员（　　　　　）
	队　友（　　　　　）

☐ 3. 猜一猜 Guess the meaning of the underlined words according to the context

（1）同胞 tóngbāo   A. to win

（2）比赛 bǐsài   B. to lose

（3）赢 yíng   C. competition, game

（4）输 shū   D. countryman

三、汉字 Characters

（一）学一学 Let's learn

逛 4	热 1	闹 4	衬 3	衫 3	裤 3	双 3	鞋 2	恤 7	袜 4	夹 5	克 2
衣 1	短 2	些 1	卡 2	拉 2	呆 5	开 1	裙 3	别 1	折 4	便 2	宜 2
街 2	极 3										

☐ 偏旁 ⑯ Radicals ⑯

偏旁 Radical	名称 Name	例字 Example	说明 Explanation
门	ménzìkuàng	间	（door） 门
衤	yīzìpáng	裤、裙	（clothes） 衣
革	gézìpáng	鞋	gé（leather） 革

（二）练一练 Let's practice

□ **1. 同音字连线** Match the characters with the same pronunciation

见　一　家　刻　久　京

夹　酒　件　经　衣　克

□ **2. 选字填空** Choose the correct characters to complete the sentences

（1）五道口附近有很多____吧。　　　　　（A. 酒　B. 洒）

（2）这个商场经常打____。　　　　　　　（A. 诉　B. 折）

（3）我给男朋友买了一件____克。　　　　（A. 来　B. 夹）

（4）这个周末我在家____了一上午。　　　（A. 呆　B. 果）

（5）大家都很喜欢长城，玩儿得很____心。（A. 开　B. 天）

□ **3. 写汉字** Write down the characters according to the radicals and *pinyin*

（1）我想买一件_____服。　亠（yī）

（2）我妈妈周末常常去逛_____。　彳（jiē）

（3）五道口每天都非常_____闹。　灬（rè）

（4）_____睡了，起床吧。　刂（bié）

（5）这条裤子太_____了。　矢（duǎn）

（6）网上书店的书很_____宜。　亻（pián）

（7）这个周末去唱卡_____OK，怎么样？　扌（lā）

（8）那条裙子漂亮_____了。　木（jí）

（9）我去超市买了一_____水果。　二（xiē）

（10）这_____鞋真不错。　又（shuāng）

四、看图写话 **Write 2-3 sentences to describe the pictures with the words given**

1. 逛、东西

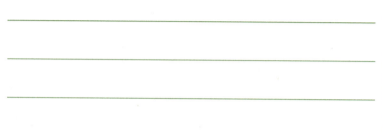

_____

_____

_____

_____

2. 唱、小时

_____

_____

_____

_____

第18课

（一）认读并连线 Read and match

1. 你复习语法了吗？　　　　　A. 我正预习呢，还没预习完。

2. 这课的生词你复习好了吗？　　B. 复习好了，你可以考考我。

3. 下一课的语法你预习了吗？　　C. 复习了，但是还没复习好呢。

4. 明天的生词你预习得怎么样？　D. 我听懂了。

5. 这一课的录音你听完了吗？　　E. 还不错，意思都记住了。

6. 第五题的录音你听懂了吗？　　F. 我都听完了，但是没听懂。

（二）认读并判断对错 True or false（√ / ×）

1. 丁丽丽听说王娜娜找了一个英语语伴儿。

    ·王娜娜的语伴儿是英国人。　　　　　　　　（　　）

2. 韩老师知道马可的语伴儿是男的还是女的。

    ·韩老师知道马可的语伴儿是不是男的。　　　　（　　）

3. 第十八课的语法我还没复习完呢。

    ·我没复习第十八课的语法。　　　　　　　　（　　）

4. 这部电影有英文字幕，我看懂了。

    ·电影里的人说英语，所以我能看懂这部电影。　（　　）

5.我没听懂出租车司机说什么。

·我没听出租车司机说什么。 （　　）

二、短文 Passages

zhuānyè（major） 专业		
1 国际关系	guójì guānxi	international relations
2 法律	fǎlǜ	law
3 体育	tǐyù	physical education
4 教育	jiàoyù	education
5 物理	wùlǐ	physics
6 数学	shùxué	mathematics
7 翻译	fānyì	translation
我的专业		

你的专业是什么？写在这里吧！

（一）

我是北京语言大学预科(yùkē)教育学院的学生，我叫多多，来自印度尼西亚。我现在在北语学习汉语。明年，我要去北京大学学习国际关系专业。我以后想当(dāng)外交官。

我们班同学都是预科生，他们明年都要去其他(qítā)大学读本科(běnkē)。有的同学要学习法律专业，有的要学习体育专业，还有的要学习教育专业、物理专业等等。我们班的印度同学阿里要去清华大学学数学。他说，读完本科以后，他还想读硕士(shuòshì)、读博士(bóshì)。大家都觉得(juéde（to think）)他特别厉害(lìhai（awesome）)。

☐ **1. 读后判断对错 True or false（√ / ×）**

（1）我现在学习国际关系。   （ ）

（2）我的同学都是本科生。   （ ）

（3）明年，我和我的同学还在一起学习。   （ ）

（4）印尼同学阿里要学习数学专业。   （ ）

（5）同学们都觉得阿里特别棒。   （ ）

☐ **2. 猜一猜 Guess the meaning of the words according to the context**

（1）预科（生）   A. Ph.D (candidate)

（2）本科（生）   B. master (graduate students)

（3）硕士（生）   C. undergraduate students

（4）博士（生）   D. preparatory (students)

（二）

> 这篇文章一共有几段？请用 1 分钟，读一读每段的第一个句子，说一说，这篇文章主要介绍了什么？ How many paragraphs are there in the passage? Please read the first sentence of each paragraph within one minute and talk about what this passage introduces.

北语有一个学院，叫高级翻译学院，是 2011 年成立的学院。北语
gāojí   chénglì（to found, to establish）
的翻译学院跟其他大学的翻译学院或者翻译系不太一样，因为这儿的
学生要学习汉、英、法多语言翻译。所以，这个学院的学生都很聪明，
                                                        cōngming
而且学习非常努力。他们经常参加翻译比赛，每次比赛的成绩都很好。
          nǔlì   bǐsài   chéngjì
因为他们成绩好、能力强，所以都能找到很好的工作。
          nénglì qiáng（strong）

翻译学院有本科生，也有研究生。不但有硕士研究生，而且有博士
                                    （not only）

研究生。因为北语的翻译学院非常棒，所以要想考这儿的研究生<u>必须</u>
<u>非常优秀</u>。

☐ **1. 读后填空 Fill in the blanks with proper words**

（1）高级翻译学院_____的时间不长。

（2）北语翻译学院的学生要学习多_____翻译。

（3）翻译学院的学生参加比赛的_____很不错。

（4）翻译学院的学生想找好_____不太难。

（5）考翻译学院的_____很难。

☐ **2. 猜一猜 Guess the meaning of the underlined words according to the context**

（1）聪明　　　　　　A. achievement, score

（2）努力　　　　　　B. ability

（3）成绩　　　　　　C. outstanding

（4）能力　　　　　　D. hardworking

（5）必须　　　　　　E. clever, smart

（6）优秀　　　　　　F. must, have to

三、汉字 Characters

（一）学一学 Let's learn

级²	辅⁵	导³	研⁴	究⁴	男¹	哦⁷	特²	考¹	试¹	句²	难¹
懂²	答¹	记¹	录³	音²	完²	喂²	影¹	部²	武³	片²	情²
画²	科²	幻⁶	幕⁵	演³	散³

（二）练一练 Let's practice

☐ **1. 同音字连线** Match the characters with the same pronunciation

男　舞　玩　话　换　是　路　因　为

完　武　试　幻　音　画　喂　难　录

☐ **2. 加拼音并组词** Write down *pinyin* of each character and make a word with it

例：人（ rén ）　中国人　　认（ rèn ）　认识

（1）九（　　）＿＿＿＿　究（　　）＿＿＿＿

（2）工（　　）＿＿＿＿　空（　　）＿＿＿＿

（3）记（　　）＿＿＿＿　纪（　　）＿＿＿＿

（4）录（　　）＿＿＿＿　绿（　　）＿＿＿＿

（5）完（　　）＿＿＿＿　院（　　）＿＿＿＿

（6）级（　　）＿＿＿＿　极（　　）＿＿＿＿

（7）哥（　　）＿＿＿＿　歌（　　）＿＿＿＿

（8）操（　　）＿＿＿＿　澡（　　）＿＿＿＿

☐ **3. 选字填空** Choose the correct characters to complete the sentences

（1）这次考试特别＿＿。　　　　　（A. 难 B. 谁）

（2）他是我们学院的研＿＿生。　　（A. 空 B. 究）

（3）他请我看了一＿＿电影。　　　（A. 部 B. 都）

（4）今天学的生词你都＿＿住了吗?　（A. 记 B. 纪）

（5）咱们不＿＿不散。　　　　　　（A. 贝 B. 见）

（6）昨天的爱＿＿片很有意思。　　（A. 请 B. 情）

（7）他特别喜欢看科＿＿＿＿电影。　　　　（A. 幻　B. 红）

（8）我要买一瓶＿＿＿＿泉水。　　　　　　（A. 矿　B. 研）

☐ **4. 写汉字** Write down the characters according to the radicals and *pinyin*

（1）这个问题怎么回＿＿＿＿＿＿？　　⌈⺮⌋（dá）

（2）我妹妹很喜欢看动＿＿＿＿＿＿片。　⌈凵⌋（huà）

（3）我们班有八个＿＿＿＿＿＿生。　　　⌈力⌋（nán）

（4）这个星期五有听力考＿＿＿＿＿＿。　⌈讠⌋（shì）

（5）我是外语学院二年＿＿＿＿＿＿的学生。　⌈纟⌋（jí）

（6）今天的语法比较＿＿＿＿＿＿。　　　⌈又⌋（nán）

（7）最近有一部很好看的电＿＿＿＿＿＿。　⌈彡⌋（yǐng）

（8）我姐姐喜欢看爱＿＿＿＿＿＿片。　　⌈忄⌋（qíng）

（9）咱们不见不＿＿＿＿＿＿。　　　　　⌈攵⌋（sàn）

（10）我哥哥是北京外国语大学的＿＿＿＿＿＿究生。　⌈石⌋（yán）

四、看图写话 Write 2-3 sentences to describe the pictures with the words given

1. 电影、好看

＿＿＿＿＿＿＿＿＿＿＿＿＿＿＿＿＿＿＿＿＿＿＿＿＿

＿＿＿＿＿＿＿＿＿＿＿＿＿＿＿＿＿＿＿＿＿＿＿＿＿

＿＿＿＿＿＿＿＿＿＿＿＿＿＿＿＿＿＿＿＿＿＿＿＿＿

2. 复习、回答

第 19 课

一、句子 Sentences

（一）认读并连线 Read and match

1. 行李都装好了吗？　　　　　　　A. 还没呢。

2. 听说你要当爸爸了？　　　　　　B. 在行李箱里呢。

3. 我送给你的礼物呢？　　　　　　C. 是啊，还有一个月。

4. 有什么要我帮忙的吗？　　　　　D. 好啊，两点半商店门口见吧。

5. 咱们去给丁兰买结婚礼物，好吗？　E. 没什么，马上就收拾好了。

（二）认读并判断对错 True or false（√ / ×）

1. 韩娜快要回韩国了。

　・韩娜现在不在韩国。　　　　　　　　　　　　（　）

2. 李永毕业以后想当律师。

　・李永是一位律师。　　　　　　　　　　　　　（　）

3. 学校东门的那家日本餐厅生意特别火。

　・去学校东门那家日本餐厅吃饭的人特别多。　　（　）

4. 去杭州要是不去西湖^{hú（lake）}看看，就太遗憾了。

　・去杭州玩儿，不要去看西湖，那儿没有意思。　（　）

5. 小英装了一个大箱子，一个小箱子，还有一个大提包。

　・小英一共装了三件行李。　　　　　　　　　　（　）

二、短文 Passages

（一）

圣诞节（Shèngdàn Jié, Christmas）快要到了。这是我第一次在国外过圣诞节。虽然不能跟家人一起过节（jié），有点儿遗憾，但是，能跟来自世界各国的朋友们一起过节，也很棒。

因为我在学校外面租房子住，房间比较大，所以同学们决定（juédìng）平安夜（Píng'ān Yè, Christmas Eve）到我家去聚会。这几天，我要好好儿布置（bùzhì）一下房间，布置得漂亮一点儿。我还要给大家准备（zhǔnbèi, to prepare）圣诞礼物，希望大家喜欢。大家还想邀请（yāoqǐng）老师来参加圣诞聚会。要是她能答应（dāying），就太好了。

这也是我第一次请朋友们来我家玩儿，希望大家都能玩儿得开心！

1. 读后判断对错 True or false（√ / ×）

（1）以前我每年都在我们国家过圣诞节。（　　）

（2）我的宿舍比较大。（　　）

（3）今年我和同学们一起过平安夜。（　　）

（4）老师也来参加我们的圣诞聚会。（　　）

（5）朋友们常常来我家玩儿。（　　）

2. 猜一猜 Guess the meaning of the words according to the context

（1）各　　　　　　　　　A. festival

（2）节（jié）　　　　　　B. house, apartment

（3）租　　　　　　　　　C. all, each, every

（4）房子　　　　　　　　D. to promise, to answer

（5）决定（juédìng）　　　E. to invite

（6）布置　　bùzhì　　　　　　F. to decorate

（7）邀请　　yāoqǐng　　　　　G. to decide

（8）答应　　dāying　　　　　　H. to rent

（二）

在字典里找一找这些词的意思，想一想，它们共同的部分是什么意思？
Look up these words in a dictionary and try to figure out the meaning of their common part.

① 寒放假　② 春节日　③ 自开学

寒假计划 (hánjià jìhuà)

还有一个多月就要放寒假了。寒假只有四个星期，我要好好儿利用（lìyòng）这个寒假。

中国很大，但是我一直呆在北京。放假（fàngjià）的时候，我想去别的地方看看。我最想去上海，因为上海是中国的经济（jīngjì）（economic）中心，是一个非常现代（xiàndài）的大城市（chéngshì）（city）。很多年轻（niánqīng）人都特别喜欢上海。

我还想在中国过一次春节（Chūnjié）。听说，在中国，新年（1月1日）不是最重要（zhòngyào）（important）的节日，最重要的节日是春节。春节的时候，一家人在一起包饺子、吃年夜饭（niányèfàn）（dinner of Chinese New Year's Eve），特别热闹。我的语伴邀请（yāoqǐng）我去他家过春节，我特别兴奋（xīngfèn）。

过完春节以后，我要回学校学习。我的朋友告诉我，用汉语学习专业课特别难。他建议我先看一看英语的专业书，自学一些专业知识（zhīshi）。所以，下学期开学以前，我要多看看书。

这个寒假，我有几个计划？都是什么？

☐ 1. 阅读理解 Reading comprehension

（1）关于上海，哪个说法是对的？

      A. 非常年轻   B. 文化中心   C. 现代城市   D. 历史很长

（2）关于春节，哪个说法是对的？

      A. 1 月 1 日   B. 非常重要   C. 只吃饺子   D. 一个人过

（3）我的朋友建议我做什么？

      A. 学英语   B. 多休息   C. 看专业书   D. 找语伴儿

☐ 2. 猜一猜 Guess the meaning of the underlined words according to the context

（1）计划（jìhuà）   A. center

（2）利用（lìyòng）   B. knowledge

（3）中心   C. modern (time)

（4）现代（xiàndài）   D. plan/to plan

（5）年轻（niánqīng）   E. to wrap

（6）包   F. to make (good) use of

（7）兴奋（xīngfèn）   G. young

（8）知识（zhīshi）   H. excited

☐ 3. 读后填空 Fill in the blanks with proper words

（1）我要_____好寒假。

（2）喜欢上海的_____人非常多。

（3）能去中国人家里过春节，我很_____。

（4）我的朋友建议我先用英语学习一点儿专业_____。

三、汉字 Characters

（一）学一学 Let's learn

进¹ 准¹ 毕⁴ 婚³ 当² 收² 拾⁵ 李³ 送¹ 希³ 望³ 然²
熊⁵ 猫² 饯* 破³ 费³ 新¹ 火¹ 遗⁴ 憾⁶ 过¹ 装² 箱³ 提²

□ 偏旁 ⑰ Radicals⑰

偏旁 Radical	名称 Name	例字 Example	说明 Explanation
攵	fǎnwénpáng	收、教	to tap; to whip
犭	quǎnzìpáng	猫、狗	quǎn（dog）犬
斤	jīnzìpáng	新	（axe）斤
衤	yīzìdǐ	装	（clothes）衣

（二）练一练 Let's practice

□ 1. 同音字连线 Match the characters with the same pronunciation

近　币　食　题　西　建　心　汉　香

希　拾　进　新　毕　提　箱　饯　憾

□ 2. 选字填空 Choose the correct characters to complete the sentences

（1）这家咖啡馆生意特别＿＿＿。　　　　（A. 火　B. 水）

（2）你什么时候＿＿＿生日？　　　　（A. 进　B. 过）

（3）我每天都____时到教室上课。　　　　（A. 准　B. 难）

（4）回国以前，我买了一个大____包。　　　（A. 题　B. 提）

（5）五道口附近非常____闹。　　　　　　　（A. 热　B. 然）

（6）我们给你____行。　　　　　　　　　　（A. 饯　B. 钱）

☐ **3. 写汉字 Write down the characters according to the radicals and *pinyin***

（1）你喜欢看我_____给你的书吗？ 辶（sòng）

（2）_____望你喜欢这个小礼物。 ㇇（xī）

（3）我每天都_____时上课。 冫（zhǔn）

（4）快请_____。 辶（jìn）

（5）我每个周末都_____拾房间。 攵（shōu）

（6）行李_____好了吗？ 衣（zhuāng）

（7）我买了一个大_____包。 扌（tí）

（8）哎呀，太_____费了，真不好意思。 石（pò）

（9）我当_____认识他，他是我姐姐的男朋友。 灬（rán）

（10）看，我的_____衣服漂亮吗？ 斤（xīn）

四、看图写话 **Write 2-3 sentences to describe the pictures with the words given**

1. 收拾、回国

_____

_____

_____

_____

2. 开、生意

第 20 课

一、汉字 **Characters**

（一）学一学 **Let's learn**

> 祝³ 平² 安² 随² 俩² 辣⁴ 拿¹ 手¹ 算² 需³ 步³ 忘²
> 发² 放¹

（二）练一练 **Let's practice**

☐ **1. 同音字连线** Match the characters with the same pronunciation

住　苹　部　望　意　刻

平　谊　祝　客　忘　步

☐ **2. 加拼音并组词** Write down *pinyin* of each character and make a word with it

（1）进（　　）_____　　_____

（2）理（　　）_____　　_____

（3）友（　　）_____　　_____

（4）客（　　）_____　　_____

（5）路（　　）_____　　_____

（6）心（　　）_____　　_____

（7）边（　）_____　_____

（8）点（　）_____　_____

❏ **3. 加拼音并组词** Write down *pinyin* of each character and make a word with it

例：人（ rén ）中国人　　认（ rèn ）认识

（1）平（　　）_____　苹（　　）_____

（2）点（　　）_____　店（　　）_____

（3）两（　　）_____　俩（　　）_____

（4）箱（　　）_____　想（　　）_____

（5）忘（　　）_____　望（　　）_____

（6）放（　　）_____　房（　　）_____

（7）饯（　　）_____　钱（　　）_____

（8）宜（　　）_____　谊（　　）_____

❏ **4. 写汉字** Write down the characters according to the radicals and *pinyin*

（1）快放寒假了，你有什么打_____？ 竹（suàn）

（2）今天我请_____。 宀（kè）

（3）祝你一路平_____。 宀（ān）

（4）尝尝我的_____手菜。 人（ná）

（5）_____心吧，我能辅导好弟弟妹妹。 夂（fàng）

（6）不少中国公司_____要会说汉语的外国人。 雨（xū）

（三）综合复习 Comprehensive review

□ 1. 给多音字加拼音 Write the corresponding *pinyin* of the following multiple-phonetic characters

（1）一**只**烤鸭**只**要 88 元。

（2）我在这个**教**学楼**教**留学生汉语。

（3）第一次跟中国人吃饭的时候，我还不知道大家说"**干**杯"的时候应该**干**吗。

（4）上个周末，我骑自**行**车去银**行**取钱。银**行**里人很多，但是，取钱用 ATM 机就**行**了，不用排队。

（5）学校附近有个大超市。超市里的东西都很**便**宜。今天下课以后，我想去逛逛，随**便**买点儿吃的。

（6）李红是我的中国朋友，她**长**得很漂亮。上个星期，我们一起去**长**城。长城很远，坐车坐了很**长**时间。

（7）我和兰兰是**好**朋友，我们的爱**好**都是购物。我们俩**好**久不见了，今天下午，我们要一起去逛商店。我想买几条**好**看的裙子。

□ 2. 加一笔以后，变成新的汉字 Add one more stroke to make a new character

例：口→<u>中</u>、<u>日</u>

（1）帅→___   （2）米→___   （3）么→___

（4）住→___   （5）了→___   （6）司→___

（7）问→___   （8）白→___、___

（9）干→___、___   （10）十→___、___、___

☐ **3. 这个汉字是什么？写拼音并组词。加一个部首组成新的汉字，写拼音并组词** Write down *pinyin* of each character and make a word with it. Add a radical to make another character. Write down *pinyin* of each new character and make a word with it

例：人（rén）中国人→［认］（rèn）认识

（1）我（　　）＿＿＿＿→［　］（　　）＿＿＿＿＿［　］（　　）＿＿＿＿＿

（2）主（　　）＿＿＿＿→［　］（　　）＿＿＿＿＿［　］（　　）＿＿＿＿＿

（3）是（　　）＿＿＿＿→［　］（　　）＿＿＿＿＿［　］（　　）＿＿＿＿＿

（4）非（　　）＿＿＿＿→［　］（　　）＿＿＿＿＿［　］（　　）＿＿＿＿＿

（5）市（　　）＿＿＿＿→［　］（　　）＿＿＿＿＿［　］（　　）＿＿＿＿＿

（6）取（　　）＿＿＿＿→［　］（　　）＿＿＿＿＿［　］（　　）＿＿＿＿＿

（7）水（　　）＿＿＿＿→［　］（　　）＿＿＿＿＿［　］（　　）＿＿＿＿＿

（8）只（　　）＿＿＿＿→［　］（　　）＿＿＿＿＿［　］（　　）＿＿＿＿＿

（9）工（　　）＿＿＿＿→［　］（　　）＿＿＿＿＿［　］（　　）＿＿＿＿＿

　　　　　　　　　　　　［　］（　　）＿＿＿＿＿

（10）也（　　）＿＿＿＿→［　］（　　）＿＿＿＿＿［　］（　　）＿＿＿＿＿

　　　　　　　　　　　　［　］（　　）＿＿＿＿＿

（11）元（　　）＿＿＿＿→［　］（　　）＿＿＿＿＿［　］（　　）＿＿＿＿＿

　　　　　　　　　　　　［　］（　　）＿＿＿＿＿

（12）马（　　）＿＿＿＿→［　］（　　）＿＿＿＿＿［　］（　　）＿＿＿＿＿

　　　　　　　　　　　　［　］（　　）＿＿＿＿＿［　］（　　）＿＿＿＿＿

（13）斤（　　）＿＿＿＿→［　］（　　）＿＿＿＿＿［　］（　　）＿＿＿＿＿

　　　　　　　　　　　　［　］（　　）＿＿＿＿＿［　］（　　）

（14）心（　　）_____ → ［　］（　　）_____ ［　］（　　）_____

［　］（　　）_____ ［　］（　　）_____

［　］（　　）_____ ［　］（　　）_____

二、写作 Writing

（一）句子 Sentences

☐ **1. 根据问题或提示完成对话中的句子** Please complete the sentences in the conversation according to the context or hints

A：你有什么爱好？

B：_____ 。

A：你最大的爱好是什么？

B：_____ 。

A：你_____ ？

（问水平 Ask about proficiency："V+O+V+ 得 + 怎么样"）

B：_____ 。

A：你_____ ？

（问频率 Ask about frequency："多长时间 V 一次（O）"）

B：_____ 。

A：你_____ ？

（问时长 Ask about duration："V+ 时量补语"）

B：_____ 。

□ 2. 根据回答画一画思维导图 Draw a mind-map about your hobbies according to the answers above

（二）标点符号 Punctuations

□ 1. 常用标点符号② Frequently used punctuations ②

《 》	书名号	shūmínghào
""	引号	yǐnhào
（ ）	括号	kuòhào

□ 2. 位置和书写形式 Location and writing criterion

书名号、引号、括号中的两部分别在相应文字的两端，各占一格。

Each part of the punctuation above take up one box respectively at the beginning and the end of the corresponding text.

前一半不能单独出现在一行的最后一个格，而应该与它后面的汉字一起写在最后一个格里；后一半不出现在一行的第一个格，而应该写在前一行末尾。

The first part of each punctuation above cannot appear at the end of a line, but should be written in the last box together with the character right after it. The latter part cannot appear at the beginning of a line, but should be written at the end of the previous line.

（三）作文 Composition

☐ 以《我的爱好》为题，写一篇作文，不少于 **100** 字 Write composition entitled《我的爱好》with no less than 100 characters

附 录

补充词表 Supplementary New Words

第 11 课

饮料 [5]	yǐnliào	n.	beverage
点心 [7]	diǎnxin	n.	dim sum, light refreshments
或者 [2]	huòzhě	conj.	or
有时候 [1]	yǒushíhou		sometimes
苦 [4]	kǔ	adj.	bitter
果汁 [3]	guǒzhī	n.	juice

第 12 课

学期 [2]	xuéqī	n.	semester, term
以前 [2]	yǐqián	n.	before
东京 [*]	Dōngjīng	n.	Tokyo
然后 [2]	ránhòu	conj.	then, after that
卡 [2]	kǎ	n.	card
申请 [4]	shēnqǐng	v.	to apply
填 [4]	tián	v.	to fill in (blanks or forms)
出生 [2]	chūshēng	v.	to be born
签名 [5]	qiānmíng	v.	to sign name
信用卡 [2]	xìnyòngkǎ	n.	credit card
表格 [3]	biǎogé	n.	form, table
申请表	shēnqǐngbiǎo	n.	application form
信息 [2]	xìnxī	n.	information
性别 [3]	xìngbié	n.	gender

日期 [1]	rìqī	n.	date
国籍 [2]	guójí	n.	nationality
号码 [4]	hàomǎ	n.	number

第 13 课

所 [3]	suǒ	m.	(measure word for houses, schools, etc.)
比如 [2]	bǐrú	v.	for example
清华 *	Qīnghuá	n.	name of a university
最 [1]	zuì	adv.	the most
生活 [2]	shēnghuó	v./n.	to live/life, living
方便 [2]	fāngbiàn	adj.	convenient
餐厅 [5]	cāntīng	n.	restaurant
东南亚 *	Dōngnányà	n.	Southeast Asia
饭店 [1]	fàndiàn	n.	big restaurant or hotel
各种 [3]	gè zhǒng		all kinds of
羊肉 *	yángròu	n.	mutton
意大利 *	Yìdàlì	n.	Italy

第 14 课

来自 [2]	láizì	v.	to come from
如果 [2]	rúguǒ	conj.	if
专业 [3]	zhuānyè	n.	major
所有 [2]	suǒyǒu	adj.	all
门 [1]	mén	m.	(measure word for subjects of study)
一般 [2]	yìbān	adj./adv.	general(ly)
部分 [2]	bùfen	n.	part
继续 [3]	jìxù	v.	to continue

改²	gǎi	v.	to change
其他²	qítā	pron.	other
考¹	kǎo	v.	to take exam
白天¹	báitiān	n.	day time
儿童⁴	értóng	n.	children

第15课

展览⁵	zhǎnlǎn	n.	exhibition
艺术³	yìshù	n.	art
免费⁴	miǎnfèi	v.	free
开¹	kāi	v.	to open
关¹	guān	v.	to close
虽然²	suīrán	conj.	though
地球²	dìqiú	n.	the Earth
包括⁴	bāokuò	v.	to include
其中²	qízhōng	n.	among these
世界³	shìjiè	n.	world

第16课

几乎⁴	jīhū	adv.	almost
很少*	hěn shǎo		seldom
后来²	hòulái	n.	later
体育²	tǐyù	n.	sport, PE
体育馆²	tǐyùguǎn	n.	stadium
操场⁴	cāochǎng	n.	playground
公里²	gōnglǐ	m.	km
跑步³	pǎobù	v.	to run
画²	huà	v.	to paint
画儿²	huàr	n.	drawing, painting

弹 [5]	tán	v.	to play (an instrument)
钢琴 [5]	gāngqín	n.	piano

第17课

互联网 [3]	hùliánwǎng	n.	interenet
等（等）[2]	děng (děng)	particle	etc., and so on
台 [3]	tái	m.	(measure word for machinery, apparatus, etc.)
电脑 [1]	diànnǎo	n.	computer
空调 [3]	kōngtiáo	n.	air conditioner
洗衣机 [2]	xǐyījī	n.	washing machine
购物 [4]	gòuwù	v.	shopping
同胞 [6]	tóngbāo	n.	countryman
比赛 [3]	bǐsài	n./v.	competition, game/to compete
赢 [3]	yíng	v.	to win
输 [3]	shū	v.	to lose

第18课

国际 [2]	guójì	n.	international
关系 [3]	guānxi	n.	relation
法律 [4]	fǎlǜ	n.	law
教育 [3]	jiàoyù	n.	education
物理 *	wùlǐ	n.	physics
数学 *	shùxué	n.	mathematics
翻译 [4]	fānyì	n./v.	translation / to translate
预科（生）*	yùkē (shēng)	n.	preparatory (students)
本科（生）[4]	běnkē (shēng)	n.	undergraduate (students)
硕士（生）[5]	shuòshì (shēng)	n.	master (graduate students)
博士（生）[5]	bóshì (shēng)	n.	Ph.D (candidate)

聪明 [5]	cōngming	adj.	clever, smart
努力 [2]	nǔlì	adj.	hardworking
成绩 [2]	chéngjì	n.	achievement, score
能力 [3]	nénglì	n.	ability
必须 [2]	bìxū	adv.	must, have to
优秀 [4]	yōuxiù	adj.	outstanding

第 19 课

各 [3]	gè	pron.	all, each, every
节 [2]	jié	n.	festival
租 [2]	zū	v.	to rent
房子 [1]	fángzi	n.	house, apartment
决定 [3]	juédìng	v.	to decide
布置 [4]	bùzhì	v.	to decorate
邀请 [5]	yāoqǐng	v.	to invite
答应 [2]	dāying	v.	to promise, to answer
计划 [2]	jìhuà	n./v.	plan / to plan
利用 [3]	lìyòng	v.	to make (good) use of
中心 [2]	zhōngxīn	n.	center
现代 [3]	xiàndài	n.	modern (time)
年轻 [2]	niánqīng	adj.	young
包 [1]	bāo	v.	to wrap
兴奋 [4]	xīngfèn	adj.	excited
知识 [1]	zhīshi	n.	knowledge

图书在版编目（CIP）数据

汉语十日通. 读写. 基础篇 / 程璐璐主编. —北京：商务印书馆，2023
ISBN 978-7-100-21973-0

Ⅰ.①汉… Ⅱ.①程… Ⅲ.①汉语—阅读教学—对外汉语教学—教材 ②汉语—写作—对外汉语教学—教材
Ⅳ.① H195.4

中国国家版本馆 CIP 数据核字（2023）第 024678 号

汉语十日通
读写·基础篇

程璐璐　主编

商 务 印 书 馆 出 版
（北京王府井大街36号　邮政编码100710）
商 务 印 书 馆 发 行
北京捷迅佳彩印刷有限公司印刷
ISBN　978-7-100-21973-0

2023 年 6 月第 1 版　　开本 889×1194　1/16
2023 年 6 月北京第 1 次印刷　印张 5¹/₂

定价：55.00 元